나는 전기를 이용해서 달리는 자동차라서 나쁜 배기가스를 내뿜지 않아. 그래서 환경을 지키는 탈것이지.
나는 수소를 연료로 이용해서 달리는 수소 연료 전지 자동차야. 나도 나쁜 배기가스를 내뿜지 않으니, 환경을 지키는 탈것이지.

글 서진희

대학에서 식품영양학을 공부했습니다. 샘터에서 동화가 당선되고
작가의 길로 들어서면서부터 맛있는 이야기를 만들고 있습니다.
쓴 책으로는 <미야자키 하야오가 받은 편지>, <이크발과 말랄라의 용기>,
<번개맨을 찾아라>, <질러깨비와 쉿깨비의 시끌벅적 나들이>,
<누가 손가락을 빤다고?> 등이 있습니다.

그림 명진

대학에서 디자인을 공부했습니다. 지금은 자유로운 창작 작업을 하면서
비주얼 중심의 그래픽과 그림책 공부를 겸하고 있습니다.
그린 책으로는 <드르렁, 쿨쿨!>, <갈릴레이의 우주 노트>, <아파트>,
<what do you love the best> 등이 있습니다.

감수 이대형

서울대학교 사범대학 화학교육과를 졸업하고, 동 대학원에서 과학교육
박사 학위를 받았습니다. 1989년부터 춘천교육대학교 과학교육과 교수로
재직 중이며, (사)환경교육센터 이사장을 맡고 있습니다.
초등학교 3, 4학년 어린이들이 사용하고 있는 과학 교과서의 집필 책임자이기도
합니다. 초등 과학 교육과 환경 교육 분야에 많은 관심을 가지고 있으며,
어린이를 위한 과학책을 쓰는 데도 많은 노력을 기울이고 있습니다.
쓴 책으로는 <교과서 속 기초 탐구>, <교과서 속 통합 탐구>,
<교과서 속 자유탐구> 등이 있습니다.

기계와 도구 · 친환경 탈것들 26 내가 환경 지킴이

서진희 글 · 명진 그림 · 이대형 감수
펴낸곳 (주)아람키즈 | 펴낸이 이소영 | 주소 서울특별시 성동구 성수이로 147, 아이에스비즈타워 2F
고객센터 1644-4521 | 팩스 02-468-5548 | 홈페이지 www.aramkids.co.kr | 출판등록 제2020-000011호
기획 · 편집 · 디자인 (주)아람키즈 하늘땅
ISBN 979-11-6543-535-6 979-11-6543-574-5(세트)

• 눈을 편안하게 해 주는 친환경 식물성 원료인 콩기름 잉크로 인쇄하였습니다.
⚠ 책 모서리가 날카로워 다칠 수 있으니 사람을 향해 던지거나 떨어뜨리지 마십시오.
⚠ 종이에 베이거나 긁힐 수 있으므로 주의해 주십시오.

내가 환경 지킴이

서진희 글 · 명진 그림 · 이대형 감수

아람키즈

환경 지킴이 탈것 대회
일반 자동차 출입 금지

"자, 자! 지금부터 환경 지킴이 탈것 대회를 시작하겠습니다!"

빰빠라빰! **사회자***가 대회 시작을 알리자 대회장이 시끄러워졌어.

"호호! 우승자는 바로 나!"

"아니야, 나야 나!"

탈것들은 서로 앞으로 나서며 뽐냈지.

"탈것들은 순서대로 나와 주세요!"
사회자의 말이 끝나자마자 전기와 기름을
함께 쓰는 하이브리드 자동차가 나왔어.
"나는 전기를 쓰는 만큼 기름을 덜 쓰니까
그만큼 배기가스*도 적게 내뿜어."

"오호, 배기가스를 덜 내뿜으니 환경 지킴이 탈것이 맞군요!"
끄덕이 심사 위원이 흐뭇한 얼굴로 끄덕끄덕하며 말했어.
"그래도 배기가스를 내뿜긴 내뿜잖아요!"
툴툴이 심사 위원은 입을 삐쭉거리며 말했지.
곰곰이 심사 위원은 눈알을 굴리며 곰곰 생각만 했어.

그다음 전기로만 달리는 전기 자동차가 나왔어.
"나는 배기가스를 전혀 내뿜지 않으니 걱정 마세요."
전기 자동차는 신이 나서 대회장을 씽씽 달렸어.
"오호! 이거예요, 이거!"
끄덕이 심사 위원이 고개를 마구 끄덕거렸어.
그런데…….

전기 자동차가 점점 느려지더니
제자리에 뚝!
"아이고, **축전지***가 다 됐네!
시간이 오래 걸려도 **충전***을 더 할걸. 으앙!"

“충전 시간이 오래 걸린다고요?
그러면 안 되지요, 안 되고말고요.”
툴툴이 심사 위원이 또 입을 삐쭉거렸어.
곰곰이 심사 위원은 눈을 껌벅거리며 곰곰 생각만 했어.

잠시 후에 **수소***를 **연료***로 쓰는
수소 연료 전지 자동차가 자신만만하게 나왔어.

"역시 우승은 내가 할 것 같군요.
나는 **연료 전지***를 통해 충전한 수소와
산소를 **반응***시켜 생기는 전기로 움직여요.
전기 자동차보다 충전도 빠르고, 오래 달릴 수 있지요!
물만 내보내고 배기가스는 내뿜지 않아요."

"오호, 완벽한 환경 지킴이 탈것이로군요!"

신이 난 끄덕이 심사 위원이 고개를 끄덕끄덕했어.

"어휴, 그럼 뭐 하나요?

일반 자동차 두 대 가격보다 더 비싼걸요."

툴툴이 심사 위원이 툴툴거리며 말했어.

곰곰이 심사 위원은 이마를 찌푸린 채
또 생각만 하고 있었어.

마지막으로, **천연가스***로 달리는
천연가스 자동차가 나왔어.
"나는 충전 시간도 짧고, 비용도 적게 든답니다.
배기가스를 내뿜긴 하지만 하이브리드 자동차보다
더 적게 내뿜지요.
이 정도면 내가 우승하겠지요?"
"그래요, 그래. 맞네요, 맞아!"
끄덕이 심사 위원이 박수를 마구마구 쳤어.

천연가스 자동차도 신이 나서 대회장을
씽씽 쌩쌩 달렸어.
그런데 점점 느려지더니 제자리에 뚝!
"어? 충전한 지 얼마 안 됐는데?"
"한 번 충전해서 가는 거리가 짧군요."
툴툴이 심사 위원이 고개를 절레절레 저었고,
곰곰이 심사 위원은 한숨만 푹푹 쉬었지.

탈것들의 소개가 끝나자
심사 위원들이 모여서 의논을 했어.
하지만 어떤 탈것을 우승자로 뽑아야 할지 알 수 없었지.
결국 사회자는 웃으며 이렇게 말했어.
"여러분 모두가 환경을 생각하는 마음을
갖고 있어요. 그래서 모두에게 상을 주겠어요."

모두 집으로 돌아가는 길.
끄덕이, 툴툴이, 곰곰이 심사 위원과 사회자는
모두 같은 것을 타고 있어.
충전할 필요 없이 오래오래 달리고
배기가스도 내뿜지 않는 자전거를 말이야.

가장 완벽한 환경 지킴이 탈것은
바로 우리 가까이에 있었지.

친환경 탈것들로는 또 뭐가 있을까?

하이브리드 자동차, 전기 자동차, 수소 연료 전지 자동차, 천연가스 자동차 말고도 환경을 보호해 주는 탈것들이 있다고 해요. 어떤 탈것들이 있는지 살펴보아요.

자기 부상 열차

자기 부상 열차는 자석의 힘을 이용해서 바퀴 없는 차량을 공중에 살짝 띄워 움직이는 열차예요. 같은 극끼리는 밀어 내고, 다른 극끼리는 끌어당기는 자석의 원리를 이용하지요. 자기 부상 열차는 배기가스가 없고, 소음이 매우 적어요. 아주 빠르고 부드럽게 움직일 수 있지요.

노면 전차

노면 전차는 지하철이나 철도처럼 따로 철길을 만들지 않고 도로 위에 깔린 레일 위를 달리는 전차예요. 전기로 움직이기 때문에 배기가스가 발생하지 않지요. 유럽에서는 장애인이든 노인이든 누구나 쉽고 편하게 탈 수 있는 노면 전차가 대중교통 수단으로 자리 잡았어요.

전기 자전거

전기 자전거는 전기 모터를 이용해 힘들이지 않고 달릴 수 있는 자전거예요. 아주 적은 전기만으로도 움직일 수 있고, 배기가스가 나오지 않아 매우 친환경적이지요.

신나는 과학놀이

문제 다음 중 환경 지킴이 탈것의 이름이 **잘못된 것**은 어느 것일까요?

① 
전기 자동차

② 
하이브리드 자동차

③ 
수소 연료 전지 자동차

④ 
공기 자동차

정답은? ① ② ③ ④

문제 다음 중 **잘못된 말**을 고르세요.

① 나는 배기가스를 적게 내뿜어요.

하이브리드 자동차

② 나는 일반 자동차 두 대보다 무게가 많이 나가요.

수소 연료 전지 자동차

③ 나는 충전하는 데 시간이 오래 걸려요.

전기 자동차

④ 나는 한 번 충전해서 가는 거리가 짧아요.

천연가스 자동차

정답은? ① ② ③ ④

정답: 4, 2